UN FESTIN AU MOYEN AGE

écrit et illustré par ALIKI

ÉDITIONS DU SORBIER
51, rue Barrault 75013 Paris

ISBN 2-7320-1007-3

Je remercie les artistes du Moyen Age
dont les enluminures, tapisseries et autres œuvres d'art
ont servi de base aux illustrations de ce livre

Oyez ! Oyez !

Les hérauts du palais annoncent que le Roi se prépare à faire un grand voyage.

Sur leur chemin, le Roi et sa cour
passeront quelques nuits dans le château de Camdenton.
Le seigneur du château sait ce que cela signifie.
Le Roi va voyager avec la Reine,
les chevaliers, les écuyers et les autres membres de sa cour.
Cela fera bien une centaine de bouches à nourrir !

Les préparatifs pour la visite commencent immédiatement.
Le seigneur du château et sa dame sont aidés
par leurs serviteurs.

Ceux-ci vivent dans des huttes sur la propriété du maître,
et chacun a droit à un lopin de terre.
Les serviteurs sont entièrement au service de leur seigneur.
Ils cultivent sa terre, entretiennent le château, et,
s'il y a une guerre, ils doivent se battre
aux côtés du seigneur et du Roi.

Mais maintenant, ils sont en pleins préparatifs !

Le château a sa propre église, fréquentée par tous ceux qui vivent sur le domaine.

L'appartement royal est décoré à neuf.

On file la soie, on tisse de nouvelles pièces de toile.
Les armes royales sont brodées sur les tissus de lin, peintes sur le trône.

On nettoie le château, on prépare les chambres,
on dresse des tentes pour les cavaliers,
on installe des enclos pour les chevaux.
Et avant tout, on rassemble les provisions pour le grand festin.

Le seigneur et sa suite chassent avec les chiens

et les faucons pour se procurer de la viande fraîche.

Ils piègent des lapins et des oiseaux de toutes sortes.
Ils pêchent le saumon, l'anguille et la truite.

On cultive les fruits et les légumes dans le jardin potager.
On utilise les herbes et les fleurs pour les sauces et les salades,
et le miel des abeilles à la place du sucre.

Les assiettes sont souvent remplacées par des galettes de pain noir plates, appelées "tranchoirs". Les paysans les mangent ensuite mais les riches donnent les leurs aux pauvres. Les autres pains sont fabriqués avec la meilleure farine de froment.

On moud la farine dans le moulin du seigneur,
on cuit dans le four les "tranchoirs" et les autres pains.

On prépare la bière avec le houblon, l'avoine et l'orge.
On fait le vin avec le raisin et on parfume avec des herbes et des fleurs.

On bat le beurre, on fabrique le fromage.
La bière et le vin sont gardés dans la cave.
Le Roi peut arriver.

La cuisine indépendante, est construite en pierre, à côté de la maison principale.

On prépare la nourriture dans la grande cuisine.
Il y a une armée de cuisiniers, aidés par des gâte-sauce.

Elle est reliée par un long passage à la salle principale, dans laquelle
va avoir lieu le festin.
Sur le chemin, il y a des buffets sur lesquels on dépose les plats préparés.

Les cochons, daims, et autres gibiers cuisent à la broche.

De grands quartiers de viande salée bouillent dans des marmites
et sont assaisonnés avec des épices
que seuls les riches seigneurs peuvent s'offrir.

Les cygnes, les oies, les hérons et les cailles sont rôtis.
Tout comme ces animaux fantastiques !
Ce sont en réalité un chapon et un cochon de lait, coupés en deux, farcis, mais recousus la tête de l'un avec l'arrière de l'autre !

On a cuit un paon. Puis on l'a recouvert et présenté avec ses plumes.
On a préparé un pâté de vingt-quatre merles.

Pendant ce temps, le Roi et sa suite arrivent.

Tout est prêt pour les accueillir.

On a disposé les tables et les bancs le long des murs de la grande salle de réception.
Un feu brûle au centre. On a recouvert de tapisseries les murs de pierre, humides.
On a placé la table d'honneur sur une estrade et déposé à côté, sur une desserte,
la plus belle vaisselle d'or du seigneur.

Le panetier apporte la salière, le pain et le tranchoir du roi.
L'échanson tâte l'eau avant de la verser sur les mains du roi.
Les trompettes annoncent le début du festin.

Les invités attendent dans la grande salle
depuis dix heures et demie du matin.
Les trompettes annoncent le Roi, qui prend place à la table d'honneur,
entouré de ses hôtes et invités de marque.
Ils se rincent les doigts dans de l'eau parfumée
et les sèchent avec une serviette propre.
L'évêque dit les grâces.
Alors, ils se mettent à manger, à manger, à manger.

Il n'y a pas de fourchettes, mais il y a des serviettes. On se partage les gobelets de vin, et entre les plats, l'échanson apporte de l'eau pour se rincer les doigts.

Ils mangent une grande partie de leur nourriture
avec des cuillères, le reste avec les doigts.
Ils découpent, avec leurs propres couteaux,
les morceaux de viande que le trancheur
dépose sur leur tranchoir

Il se servent de leur petit doigt pour saler la nourriture.

Les surprises se succèdent, annoncées
par le son des trompettes et les roulements de tambour.
Ils mangent des pâtés de viande,
des tartes au poisson, des soupes épaisses.
Ils mangent de la tête d'ours, de la langue de bœuf
et du cou de cygne farci.

Ils s'émerveillent de voir tout un château réalisé
avec de la pâte farcie de viande, œufs, fruits,
noisettes, et ils le mangent.
Les sauces sucrées et épicées coulent sur leurs tranchoirs
pendant que les troubadours,
jongleurs et ménestrels les divertissent.
Les services succèdent aux services.
Chacun se termine par une belle pièce-montée,
modelée avec de la pâte d'amande.
Les invités l'admirent d'abord, et la mangent ensuite.

Ils continuent à manger jusqu'au soir.
C'est un festin en l'honneur du Roi,
et il y en aura davantage demain.

FIN

Ce festin se situe à la fin Moyen Age, aux environs des années 1400. C'est une histoire imaginée, mais cela aurait pu se passer réellement de cette façon.

Quand le Roi annonçait sa future visite, le seigneur était bouleversé. Les préparatifs pouvaient lui coûter sa fortune. C'était déjà arrivé à d'autres. Mais il n'avait pas le choix.

Le seigneur pouvait s'estimer heureux si on était en été : il aurait de la viande fraîche et des légumes. En hiver, il en aurait très peu. On tuait les animaux de la ferme à la fin de l'automne parce qu'on ne pouvait les nourrir tout l'hiver. La viande était conservée dans le sel, ou fumée, et mangée en ragoût pendant les mois d'hiver, quand on ne pouvait chasser.

De tels ragoûts ont été servis pendant ce banquet, mais les invités ont préféré de beaucoup la viande fraîche, les volailles, les poissons.

Le festin médiéval était un art. Non seulement les cuisiniers préparaient des plats délicieux, mais ils faisaient preuve de beaucoup d'imagination. Les pièces-montées représentaient des châteaux, des rois et des reines, et différentes scènes compliquées, le tout décoré et coloré avec des herbes et des fleurs. Des jongleurs jaillissaient hors d'énormes gâteaux. On transformait des merles en pâtés, mais quelquefois on y cachait aussi des merles vivants qui s'envolaient au grand émerveillement des invités. Les trompettes et tambours annonçaient chaque nouveau plat. Entre les plats, il y avait des chants et de la musique.

Le seigneur faisait de son mieux. Le Roi se souviendrait de ce festin.

Imprimerie Hérissey - Évreux - N° 55926. Octobre 1991